ALICE DIE ZEITARBEITERIN

EIN ARBEITSLEBEN IN DEUTSCHLAND

@2020 Alice Hauk

Verlag und Druck: tredition GmbH, Halenreie 42, 22359 Hamburg

ISBN:
978-3-347-14734-8 (Paperback)
978-3-347-14735-5 (Hardcover)
978-3-347-14736-2 (e-Book)

INHALT

Einleitung...1

Biografie 2

Werdegang 3

Agentur für Arbeit 7

Zeitarbeit in Ingolstadt 14

Auf nach München 20

Ab jetzt Frankfurt am Main 30

Letzte Einsatzorte in Thüringen.....................63

Erfahrungen...77

Schlussfolgerung...81

EINLEITUNG

Ich lebe seit meiner Geburt in Deutschland und möchte Euch von meinen Arbeitsleben in diesem Land erzählen.

Meine Arbeits- Odyssee begann in den Jahren 1999 und endete 2019. Die Agentur für Arbeit, Bewerbungstrainings, Vorstellungsgespräche, kurzfristige Jobs, Zeitarbeit, Weiterbildungen bei der Agentur für Arbeit waren mein täglich Brot.

Ich möchte Euch von den wirtschaftlichen Belangen und Aufgaben in den verschiedenen Bereichen des Arbeitsmarktes, in dem Zeitarbeiter/innen in diesem Land eingesetzt werden, berichten und vor allen von den vielen einzigartigen und besonderen Menschen, die mir auf meiner Arbeits-Reise begegnet sind und euch auch Ihre Geschichten erzählen.

BIOGRAFIE

Alice, Jahrgang 1956, aufgewachsen in einer nordhessischen Kleinstadt.

Absolventin der 2-jährigen Kaufmännischen Berufsfachschule.

Ausbildung zur "Bankkauffrau" mit 7-jähriger Berufspraxis.

1980 Heirat mit einen Diplom-Ingenieur.

Durch die berufliche Tätigkeit meines Ehemannes lebte ich in München, Ingolstadt, Frankfurt am Main und gegen Ende des Arbeitslebens in Eisenach/Thüringen.

Zwei erwachsene Kinder (Tochter und Sohn) begleiten meinen Lebensweg.

WERDEGANG

Er hatte langes wallendes, weißes Haar, einen gütigen aber auch einen unergründlichen strengen Blick.

So sah er auf mich von der Decke meiner Kirche herab, wenn ich einmal in der Woche zum Schulgottesdienst ging. Es war Gott.

Von diesem Tag an war er mein Begleiter. Seine Gebote, seine Regeln, seine Feste, seine Rituale und seine Lehren bestimmten mein Leben.

Gott wollte nicht, dass ich an seinem Ort bleiben sollte. Die christliche Schule wurde aufgelöst.

Meine nächsten Schuljahre bestanden aus zwei verschiedenen Hauptschulen, die sich vom Ort und dem Lehrpersonal sehr unterschieden. Ich war oft krank und meine angehende Pubertät machte mir das Leben auch nicht leichter. Gott fehlte mir.

Meine Freude an der Schule kehrte in der 2-Jährigen Kaufmännischen Berufsfachschule wieder.

Ich habe Maschinenschreiben, Stenografie, Buchhaltung, Kaufmännisch Rechnen, Bürotechnik und Wirtschafts-Englisch gelernt. Ich war zufrieden. Meine Lehrer/innen waren es auch.

In dieser Zeit war die Gesellschaft in Bewegung geraten. Es gab viele Proteste gegen den Vietnam-Krieg, Abrüstung, Studentenrevolte und die sexuelle Freiheit aller war ein großes gesellschaftliches Thema. Und es bildete sich die RAF, die jahrelang die BRD mit Gewalttaten in Atem halten sollte.

Die Zeit war Musik aufgeladen, die Mode war neu und einzigartig. Der Zeitgeist war Freiheit, Frieden, Gerechtigkeit und unbegrenzte Möglichkeiten in allen Dingen des Lebens.

Ich trug Minirock, Hotpants, lila Häkellook-Strumpfhosen, weiße Lackstiefel mit Ösen und Schnürbändern, einen bunten Maximantel mit Kapuze, rote und gelbe Schlag-Hosen und einen grünen Kurz-Mantel. Ich las regelmäßig die Zeitschrift "Bravo", richtete mich nach den neuesten Frisuren und war begeistert.

Es gab viele kleine Beat-Gruppen, es gab Disco-Nachmittage. Sonntags in der Kleinstadt, waren die

Discos geöffnet, Jungen und Mädchen trugen lange Haare, lange Maxi-Mäntel, rauchten und gaben sich dem Tanz in den Discos hin. Es war berauschend.

Ich habe nicht zu Ihnen gehört, aber ich wusste, es entsteht ein neues Bewusstsein für alle Dinge des Lebens. Ich fühlte, alles war möglich für mich.

Ich wurde in meinen Ansichten bestärkt, durch die Abschlussfahrt (Abschluss der Kaufmännischen Berufsfachschule) nach Berlin.

Diese Stadt lebte, das Jugendgästehaus in der Kluckstraße, die Discos

Big Eden und Big Apple, die Führungen im Reichstag, der Besuch der Schulheiß-Brauerei. Ein einmaliges Erlebnis welches Berlin mir zeigte. Ich schwebte.

Nun begann der "Ernst des Lebens", meine Ausbildung begann. Ich tauchte in die konservative Welt der Bankwirtschaft ein. Es fiel mir sehr schwer. Aber ich schaffte es.

Das Lernen machte mir Spaß und ich schloss die Ausbildung ab. Ich blieb noch einige Jahre in diesen Berufszweig, der mir sehr gut gefiel.

Mein innerlicher Geist, der nach Aufbruch und Veränderung schrie, stagnierte in dieser Zeit und machte der Rationalität meines Arbeitslebens Platz.

Es gab Fortbildungen über Gewerkschaften, bankspezifische Fortbildungen, an denen ich zeitweise teilnahm. Meine stenografischen Fähigkeiten lebte ich wöchentlich in einem Verein aus. Ich absolvierte Wettschreiben des Vereins und regionaler Wettbewerbe. Es machte mir Spaß, ich war erfolgreich.

1980 heiratete ich. Mein Ehemann, den ich auf der Party einer Freundin kennenlernte, war ein vielseitig interessierter und aktiver Diplom-Ingenieur. Mit ihm bekam ich 2 Kinder und wechselte des Öfteren den Wohnort.

Dies umfasst einen Zeitrahmen von 15 Jahren, in denen ich die Aufgaben einer Hausfrau und Mutter sehr gewissenhaft wahrnahm.

AGENTUR FÜR ARBEIT

Viele Menschen sind noch der volkstümlichen Meinung, dass die Agentur für Arbeit den Menschen Arbeitsstellen vermittelt, wenn sie arbeitslos sind oder eine Arbeitsstelle suchen.

Ich plante meinen beruflichen Wiedereinstieg. Mein Weg führte mich also zur obigen Agentur.

"Die Banken bauen Arbeitsstellen ab, da finden Sie keine Arbeit mehr", dieser Satz schallte mir laut und eindringlich entgegen. Ich erledigte die Formalien meiner Registrierung und wartete erst einmal ab.

Durch eine Maßnahme zum beruflichen Wiedereinstieg, erhielt ich einen halbjährlichen Lehrgang mit der Vermittlung von Computerkenntnissen und einem Bewerbungstraining. Das lief folgendermaßen ab: In einem überfüllten Computerraum drängten sich 2 Frauen an einem PC. Kaufmännisches Wissen wurde vermittelt, welches man akustisch kaum verstehen konnte, dreiviertel der Frauen rebellierten weil sie es nicht verstehen würden, organisierten sich in Tratsch-Gruppen und hatten über alles eine andere

Meinung. Wir übten trotzdem Computerprogramme ein, die der normale PC-Alltag in der Arbeitswelt schon lange überholt hatte. Ich stand es durch, nahm aber trotzdem einige Neuerungen mit in meinen beruflichen Wiedereinstieg. Hervorzuheben bleibt allerdings noch ein hervorragendes Bewerbungstraining, das der Wirklichkeit des Arbeitsmarktes entsprach. Dieses ist das einzige, was mich aus dieser Maßnahme weiter gebracht hat. Noch erwähnen möchte ich die mitunter kontroversen Unterrichtsmethoden und die sich teilweise gegenseitig aufhebenden Aussagen.

Es hatte sich trotzdem gelohnt. Ich bewarb mich (Förderprogramm des Arbeitsamtes für Frauen mit Kindern) und erhielt eine befristete Anstellung (halbtags) zur Übertragung von landwirtschaftlichen Daten in ein neues PC-Programm.

Nach jedem Arbeitstag erwartete mich noch mein Haushalt mit 2 Kindern und einen Ehemann, der beruflich sehr viel unterwegs war. Ich war zwar erschöpft, aber auch zufrieden mit mir es geschafft zu haben.

Das befristete Arbeitsverhältnis war nach 5 Monaten beendet, die Agentur für Arbeit hatte mich wieder. Um registriert zu bleiben war der Nachweis von Bewerbungen sowie eine persönliche vierteljährliche Meldung bei der Agentur notwendig. Diese Prozedur sollte mich 20 Jahre lang begleiten.

Bei allen Ansprechpartnern der Agentur für Arbeit habe ich immer wieder das gleiche erlebt:

"Sie sind zu alt, Sie sind zu gering qualifiziert, Sie passen da nicht herein, Sie sind langzeitarbeitslos, es gibt zu wenige Arbeitsstellen."

Vier Qualifizierungsmaßnahmen erhielt ich während meiner Arbeitsuche von der Agentur für Arbeit.

Diese sogenannte Qualifizierung bestand in erster Linie aus dem Abarbeiten von formalen Vorgaben, Meldung von An- und Abwesenheit, das Nachweisen von Tests, deren Inhalte man sich selbst erarbeiten musste. Zusätzlich immer wiederkehrende Vorgaben zu Lebenslauf und Bewerbungen, die dem aktuellen Arbeitsmarkt nicht entsprachen.

Diese Trainings haben uns auch Arbeitslose beigebracht, die von der Agentur für Arbeit angestellt wurden, um Ihre Vermittlungsquote zu verbessern.

Ich habe in diesen Qualifizierungsmaßnahmen sehr interessante, nette und multikulturelle Menschen kennengelernt. Wofür ich auch sehr dankbar bin

Bei allen meinen Ansprechpartnern bei der Agentur für Arbeit habe ich zwar formale Hilfe und Unterstützung erfahren, aber nie wirklich eine korrekte Arbeitsvermittlung. Die Ablehnung meiner Arbeitssuche, meines Alters stand immer im Vordergrund.
Hier scheint nicht bekannt zu sein, dass es Staatsbürgerpflicht ist, sich arbeitslos/suchend zu melden, denn dies ist mit der Meldung zur Sozialversicherung (Rentenversicherung) verknüpft, die jedem Bürger/ innen zusteht.

Alle meine Ansprechpartnerinnen bei der Agentur für Arbeit waren Frauen.

Eine jüngere Frau war der deutschen Sprache kaum mächtig. Eine unsägliche Kommunikation war die Folge. Ich hatte es überstanden. Meine

Leidensgenossen/innen in meinen Qualifizierungsmaßnahmen fühlten mit mir, sie hatten die gleiche Vermittlerin.

Bei einer anderen Frau, stellte man meinen Verstand in Frage, dass ich es wagen konnte mich mit 60 Jahren noch bei der Agentur für Arbeit zu melden. Ich wurde vollständig ignoriert.

Keine dieser Maßnahmen, half mir eine Arbeitsstelle zu finden.

Ich bewarb mich, bekam Absagen, ich bewarb mich und bekam wieder Absagen. Dadurch lernte ich wenigstens Bewerbungsschreiben. Die Absagen waren so präzise, das ich mich im Bewusstsein wiegte, es sehr gut geschrieben zu haben.

Ich fand keine Arbeitsstelle.

Es gab jedoch auch ein positives Signal bei der Agentur für Arbeit. Man fragte mich, ob ich an einer Studie über Arbeitslosigkeit teilnehmen wollte. Ich tat es. Ein sehr netter junger Mann besuchte mich und ich klagte ihm meine Erfahrungen und meinen Unmut. Er nahm es dankbar auf und leitete es weiter in das Arbeitsministerium. Mich erfasste die Hoffnung, dass sich etwas ändern würde.

Diese Hoffnung habe ich immer noch, der Gott meiner Kindheit gab mir Kraft dazu.

Durch das Berufsleben meines Ehemannes waren Umzüge in den Süden und in die Mitte Deutschlands verbunden. Danach zogen wir in die neuen Bundesländer.

Bevor ich auf die Einzelheiten der verschiedenen Zeitarbeitsverhältnisse eingehe, nachfolgend für den Leser/innen schon ein kurzes Resümee: Der Süden: qualifiziertere Arbeitsplätze, bessere Bezahlung, Respekt und Freundlichkeit gegenüber Zeitarbeiterinnen. Die Mitte: ein multikultureller, gefährlicher und schwerer Arbeitsmarkt, Zeitarbeiter/innen, werden sehr zweit- bis drittklassig behandelt, es besteht kollektive Ausgrenzung von Angestellten mit festen Arbeitsverträgen.
Der Osten: auf optimale Ausbeutung der Arbeitskraft ausgelegt. Sehr strukturiert, wenig empathisch, drittklassige Arbeitsbereiche, die vom Westen ausgelagert wurden. (die besagten Förderungen, von denen ich im Fernsehen immer hörte). Schade für diese Region. Die Menschen

sollten die Energie und Wertigkeit bestimmen, nicht ein System.

Durch einen Arbeitsplatzwechsel meines Ehemann und Umzugs mit der gesamten Familie eröffnete sich mir eine andere Arbeitswelt, die der Zeitarbeit.

ZEITARBEIT IN INGOLSTADT

"Ich gebe Ihnen einen Arbeitsvertrag über 4 Wochen" in einer Automobillogistik-Spedition wird jemand für die Versicherungsabteilung "Schadensregulierung" gesucht. Ich sagte zu. Ein riesiger Parkplatz mit Autos, die von dort zu den Händlern per LKW gebracht wurden, erwartete mich. In einem flachen Gebäude fand ich meinen Arbeitsplatz. Es war mehr ein Lagerschuppen in dem sich Regale mit Ordnern und Bürotische befanden. Es war ein Team von einen Mann und 3 Frauen, die sich im Alter zwischen Mitte Fünfzig und Rente befanden. Das Leben oder der Zufall hatte sie in diese Branche gespült. Ich konnte bei niemanden eine berufliche Kompetenz erkennen. Ich tat meine Arbeit, schrieb etwas, legte Ordner an und sortierte Belege, die im Zusammenhang mit Schäden an verladenen Autos entstanden waren. Ich ordnete mich ein, hörte den Angestellten zu und tat meine Arbeit.

Nach 4 Wochen sagte man mir, dass man mich nicht mehr benötigte, warum wurde mir nicht gesagt.

Ich verließ den Schuppen, in dem die Mäuse manchmal unterirdisch durchliefen und nahm die Erfahrungen über die Arbeitswelt in einer Automobil-Logistik-Spedition mit, ich war dankbar es gesehen zu haben.

Es bleibt noch zu erwähnen, dass ich dort einen jungen Mann aus dem Kosovo, der in der Autolackiererei arbeitet, kennenlernte, der mich immer mit seinem Auto nach Ingolstadt mitnahm.

Er war die angenehmste und positivste Erfahrung in dieser Branche für mich.

Dann begann der Spurwechsel.

Ich wurde als Teamassistentin angefordert. Mein Arbeitsplatz lag im Innenstadtbereich von Ingolstadt.

Ein exklusives Büro mit den besten PC/Telefon Ausstattungen. Die Teamassistentin hatte kurzfristig gekündigt und da war ich nun. Der Chef war ein Franzose, der Assistent ein Türke und die Putzfrau kam aus Polen, sie waren ein eingeschworenes Team. Sie duzten sich und organisierten den Betrieb, jeder wusste über die

Autos, Details der Verträge und Kunden Bescheid. Ich war erstaunt.

Ich legte Rechnungen in Ordnern ab, suchte technische Pläne heraus, legte neue Ordner an und lauschte der Kommunikation. Meine weitere Aufgabe war es, dem Chef (Franzosen) jeden Mittag einen Salat zu holen. Aber ohne Dressing, Franzosen mögen dieses wohl nicht. Ich hatte etwas dazu gelernt.

Man wollte nichts weiter von mir, ich war zufrieden.

Nach 2 Wochen wurde ich abgemeldet, man wollte eine Teamassistentin vom 1. Arbeitsmarkt einstellen.

Ich war um eine Erfahrung reicher.

Mein nächster Einsatz führte mich in eine Öl-Raffinerie.

Eine neue Welt tat sich vor mir auf.

Ich musste einmal mit dem Bus umsteigen, da ich noch etwas Zeit hatte, hielt ich mich in einer Bäckerei mit Café auf. Dieser Ort gab mir Kraft. Das Café strahlte eine Urgemütlichkeit aus und die Bedienungen waren sehr sehr freundlich zu mir. Ich fühlte mich geborgen.

Als ich aus dem Bus stieg, tat sich eine Umgebung auf, die ich bisher noch nicht gekannt hatte.

Silberne Bohrtürme mit roten Lichtern, ein flach liegendes Gebäude mit einzelnen Nebengebäuden und Aus-und Einfahrtstraßen, die mich an einen großen Grenzübergang mit Kontrolle erinnerten, taten sich vor mir auf. Ich wurde in der Abteilung "Verladung" eingesetzt. Meine Tätigkeit bestand darin, Lieferscheine für beladene Tanklaster zu erstellen, sowie diese mittels einer Rohrpostanlage zu versenden. Am Ende der Rohrpostanlage wurden sie den jeweiligen Tanklastern ausgehändigt und diese brachten das Benzin zu den jeweiligen Tankstellen.

Diese Arbeit war für mich neu, aber auch interessant. Trotzdem war es für mich schwer Empathie für diese Arbeitswelt zu empfinden. Meine Kollegen die dort arbeiteten, erinnerten an Männer, die auf einer Bohrinsel tätig waren. Eine Verbindung zu Ihnen aufzunehmen war mir nicht möglich. Da technisches

Verstehen und eine zunehmende Schnelligkeit von mir gefordert wurde, ich diese aber so nicht leisten konnte, endete mein Einsatz nach 4 Monaten.

Eins bleibt noch zu erwähnen, ich wurde auf Drogen getestet. 3 - 4mal wurde der Urin überprüft und ferner wurden meine Unterarme auf Einstiche überprüft. Bei anderen Zeitarbeiterinnen wurde dies nicht getan. In meinen bisherigen Leben bin ich nie als "Junkie" angesehen worden, hier wurde ich eines besseren belehrt.

Es bleibt noch zu erwähnen, dass die Verpflegung in der Kantine, zu der auch Zeitarbeiter Zugang hatten, bei anderen Einsätzen war das nicht so, sehr gut war. Das Weihnachts-Menü war sogar kostenlos.

Was für mich blieb, war die neblige, moorige und geheimnisvolle Welt einer Öl-Raffinerie, wie ich sie bisher noch nicht kannte. Diese Welt behielt ich als einmalig in meiner Erinnerung und sie regt noch heute meine Phantasie an.

Meine Zeitarbeitsfirma hatte mich wieder. Sie suchten einen neuen Arbeitseinsatz für mich.

Auf mich wartete München, die Weltstadt mit Herz. Zwei Stunden tägliche Fahrzeit lagen vor mir. Ich nahm es positiv an.

AUF NACH MÜNCHEN

Mein neuer Arbeitsplatz lag in München-Neuperlach, der Siemens-Stadt. Es war eine in sich abgeschlossene Welt. Jeden Morgen nach der Ausweiskontrolle durch den Pförtner betrat ich eine einzigartige, wunderschöne, bestens ausgestattete Arbeitswelt. Mir stand eine Kantine zur Verfügung, die von ihrem Angebot selbst den Rahmen eines First-Class-Hotels sprengte.

Ich fühlte mich geehrt. Mein Arbeitsauftrag umfasste die Bearbeitung zur Vervollständigung von Daten auf Disketten in einen Datenprogramm.

Unser Team, bestand aus folgenden Persönlichkeiten:

Ein Abiturient, der vor Studienbeginn noch etwas Geld verdienen wollte. Er fand hier seine erste Zeitarbeits-Liebe und er übte mit uns die amerikanische Nationalhymne ein, die er von einem Schüleraustausch in Amerika mitgebracht hatte.

Eine studierte Ethnologin ungarischer Herkunft, die auf Stellensuche war. Sie meinte, sie hätte am Markt vorbei studiert.

Einen jungen Türken, der bayrisch sprach und gerade seine Ausbildung als Speditionskaufmann beendet hatte und danach arbeitslos war.

Einen arbeitslosen bayerischen Grundschullehrer mittleren Alters, der permanente Hilfe des Teamleiters bei seiner Arbeit benötigte.

Ferner war da noch eine arbeitslose Erzieherin, eine arbeitslose junge Türkin ohne Ausbildung, eine Halb-Amerikanerin ohne jegliche Orientierung auf allen Ebenen. Außerdem ein liebenswerter Münchner, der voll im Liebeskummer-Stress steckte. Sie alle waren Anfang bis Mitte Zwanzig.

Wir waren ein perfektes Team. Wir wurden gelobt und anerkannt und mit einem Abschlussessen im Mövenpick-Restaurant am Karlsplatz belohnt.

Unsere Teamleiter kamen aus Düsseldorf und Berlin. Es waren die besten, lustigsten, humorvollsten und kompetentesten Vorgesetzten, die ich je hatte.

Der Einsatz endete nach 3 Monaten. Mit Tränen verließ ich Neu-Perlach.

Mein nächster Arbeitseinsatz führte mich in eine Nobel-Gegend von München, den Arabella-Park.

Eine Geschäftsbank, die bestimmte Berufsgruppen betreute, hatte eine Teamassistentin für Ihr Backoffice angefordert. Ich war neu motiviert.

Im vierten Stock eines mittleren Geschäftshauses fand ist meinen neuen Arbeitsplatz. Auf mich wartete ein schönes Assistenz-Büro, neben dem Chefzimmer.

In diesem Back-Office wurde der gesamte Zahlungsverkehr, Wertpapier- und Festgeldanlagen bearbeitet und der gesamte Devisenverkehr der Bank abgewickelt.

Mein Chef, 1,90 m groß, schlank, drahtig und mit einer lauten und kräftigen Stimme ausgestattet hatte hier das uneingeschränkte Wirken und Sagen.

Ich passte mich seinen Anweisungen an. Die Arbeit bezog sich hauptsächlich auf elektronischen Schriftverkehr und Ablage von Anweisungen und Geschäftsschreiben.

Ich hatte eine sogenannte zuarbeitende Führungsposition. Ich wurde mit Respekt und

Freundlichkeit behandelt, das war eine sehr angenehme und nette Erfahrung.

Meine Kollegen/innen splitteten sich in folgende Kasten auf: alte und langgediente Bankangestellte, die mit dem Chef schon von Anfang an zusammen arbeiteten und die Bankgeschäfte absolut beherrschten.

Diese nahmen mich jeden Mittag zum Essen mit in eine Kantine, in der es wunderbares Essen gab. Der ausgezeichnete Espresso für 0,90 € ist mir heute noch angenehm auf meiner Zunge in Erinnerung.

Eine Kollegin kam aus Polen, eine andere aus Mexiko, sie sprachen sehr gut Deutsch und waren integriert. Dann war da noch ein Reigen von drei jungen Männern, die sich mit Tagesgeld-Abrechnungen beschäftigten, zu Ihnen hatte ich keinen Kontakt.

Ich wusste nicht woran ich mit dieser Arbeit war. Was sich für mich stellte, war ein Zuhören und Kennenlernen von allen Mitarbeitern.

Ich wurde von der Kollegin aus Mexiko immer wieder beobachtet und auch angesprochen. Sie erzählte mir, dass sie sich hier sehr überfordert und gemobbt fühlt, ob ich nicht ein Wort bei dem Chef für sie einlegen konnte. Ich machte Ihr einen Termin bei ihm aus. Sie war dankbar.

Obwohl mir die Arbeit gut gelang, wurde ich nach 4 Wochen abgemeldet. Der Chef sagte mir, es hätte nichts mit mir oder meiner Arbeit zu tun. Ich war orientierungslos, aber ich nahm es an.

Ich wurde mit einen Blumenstrauß verabschiedet und hatte das Gefühl befreit zu sein, gleichzeitig fühlte ich, das die Überforderung verschwand, etwas für Mitarbeiter tun zu müssen, ohne die genauen Hintergründe zu kennen. Alle Mitarbeiter/innen waren hier sehr auf den Chef zentriert. Ich hatte das Gefühl das viele vor ihm Angst hatten und ihn in allen Dingen gewähren ließen. Wenn ich jetzt im Mittelalter leben würde, wäre er der Sklaventreiber und man müsste sich jeden Augenblick vor seiner Peitsche fürchten.

Es war der emotional belastendste und unheimlichste Einsatz, den ich je hatte.

Die Zeitarbeit bezahlte mir meinen Lohn weiter ohne Arbeitseinsatz. Ich war glücklich.

Meine Kollegen/innen von der Zeitarbeit hatten es mir erzählt. Geh zu BMW, dort hast Du einen guten Einsatz. Also bat ich meine Zeitarbeitsfirma mich dort anzubieten. Sie taten es.

Ich wurde ohne Vorstellungsgespräch genommen. Mir tat sich ein wunderbares Bürogebäude auf. Sehr erlesen mit einzelnen Gebäuden und dazwischen Parkanlagen mit Sitzgelegenheiten und Nischen zum Verweilen. Eine der beeindruckendsten Bürowelten, die mir bisher begegnet waren.

Mein Einsatz lautete: Teamassistenz im Bereich Fahrzeugtechnik- und Fahrzeugsicherheit.

Meine Ansprechpartner waren der Teamleiter Herr X, dieser war gerade aus Südafrika von BMW zurückgekehrt, war verheiratet, hatte 4 Kinder und baute sich in der Nähe von München ein Haus unter Einsatz von viel Eigenleistung. Des Weiteren die Chefsekretärin des Vorgesetzten meines Teamleiters, Frau Y, eine gutaussehende, junge bayerische Frau, mit sehr guten Englischkenntnissen und viel Herz und guten Münchner Humor. Ich war angekommen.

Ich erledigte PC-Arbeiten, die mir die Kollegen zuschoben und bei der ich die gewünschten Verbesserungen vornehmen musste. Ich bestellte Büromaterial. Holte es in einer Rohrpostanlage ab und verteilte es, kochte Kaffee, erledigte Reservierungen und Bestellungen vom Catering-Service für entsprechende Meetings der jeweiligen Fachgruppen und vereinbarte Termine für den Teamleiter.

Ich war stolz auf mich. Was mir nicht gelang, war der Umgang mit den technischen Herausforderungen, Vorlagen und technische Konzepte zu kopieren und herzustellen. Mein Teamleiter war nicht zufrieden mit mir.

Den anderen Kollegen arbeitete ich gut zu und es gelang mir auch. Aber mit dem Chef war ich in technischer Hinsicht heillos überfordert. Ich konnte seine technischen Erklärungen nicht verstehen, geschweige denn bearbeiten.

Den Ausgleich fand ich bei Frau Y. Sie nahm mich mit zu Ihrer Essensrunde. Wunderbare tolle Kollegen, die mich bedingungslos akzeptieren und mit denen ich jeden Mittag zu Tisch ging. Mir tat sich eine wunderbare Kantine auf mit internationaler Küche, die alle erdenklichen Raffinessen enthielt.

Und etwas Wunderbares bot sich mir dort "Die Einführung des neuen „Mini". Ich war begeistert.

Diese Einführung und diese Präsentationen glichen einem geradezu königlichen Event. Sogar Verkaufsstände für Accessoires waren vorhanden. Deren Waren und Designs waren einzigartig schön. Ich kaufte mir eine Kleinigkeit. Es war ein wunderbarer Lohn für mich.

Nach ca. 4 Monaten suche mich eine Grippe heim. Und ich war 2 Wochen krankgeschrieben.

BMW meldete mich darauf hin ab. Ich war zwar etwas traurig aber auch erleichtert. Den technischen Herausforderungen konnte ich auf Dauer nicht Stand halten.

Die beeindruckende Bürowelt blieb mir als einzigartig in Erinnerung.

Die Zeitarbeit nahm mich wieder zurück, hatte aber lange Zeit keinen Einsatz für mich.

Dann kam eine besondere Herausforderung: Eine Sonderaktion.

Eine Firma in München-Ismaning suchte dringend Leute zum Neu-Sortieren und Ordnen von Akten zum Zwecke einer Geschäftsprüfung. Freitag und Samstag.

Die Herausforderung fing sich schon mit der Verkehrsverbindung an. Bahn, S-Bahn und Bus ins Industriegebiet. Hierzu muss man wissen, dass Busse im Industriegebiet nicht regelmäßig fahren und die Haltestellen individuell gestaltet sind. Dieses war die größte Aufgabe, die mir dieser Einsatz abverlangte.

Ich sortierte Akten um, aus und wieder ein. Ich hatte nette Kollegen/innen: ein junger Pole, eine Frau mittleren Alters, die ungeniert über ihr Alkoholproblem sprach und nette Kollegen/innen die uns motivierten und anwiesen. Was mir außerordentlich positiv auffiel, in dieser Unternehmenskultur gab es keine Hierarchie, alle duzten sich, der Chef voran. Ich fühlte mich wohl und aufgehoben.

Am Samstagabend gegen 20:00 Uhr war ich wieder zuhause. Der Einsatz war beendet. Ich war erschöpft aber glücklich, es geschafft zu haben.

Die Zeitarbeit hatte keinen Einsatz mehr für mich und entließ mich aus Ihren Diensten.

Auch andere Zeitarbeitsfirmen hatten keine Arbeit für mich.

Damit endete mein Arbeitsleben in Süddeutschland.

Mein Privatleben änderte sich. Mein Ehemann begann ein neues Arbeitsverhältnis. Und meine Familie zog aus diesen Grund nach Frankfurt am Main. Dort angekommen, schlug ich ein neues Kapitel meiner Zeitarbeitstätigkeit auf.

AB JETZT FRANKFURT AM MAIN

Frankfurt am Main, eine multikulturelle Stadt. Der Umzug war geschafft, mein Sohn besuchte eine neue Schule, mein Mann arbeitete bei einer amerikanischen IT-Firma.

Frankfurt war für mich, da ich in Nordhessen aufgewachsen bin, keine neue Erfahrung, dennoch fühlte ich mich fremd. Am Anfang hatte ich das Bedürfnis mein Englisch-Wörterbuch mitzunehmen um mich verständlich zu machen. Ich hörte alle Sprachen der Welt, nur kaum Deutsch und ganz wenig den südhessischen Akzent.

Mein erster Gang war zur Agentur für Arbeit, dort meldete ich mich. Insgesamt waren für mich 3 verschiedene Standorte der Agentur für Arbeit in dieser Zeit zuständig.

Damit begann wieder mein Bewerbungsprozess. Und ich war wieder bei meiner Zeitarbeit gelandet.

Eine private Zeitarbeitsfirma vermittelte mich in einen Ort zwischen Frankfurt und Darmstadt. Ein Tochterunternehmen eines großen Stromversorgers suchte eine Bürohilfe.

Ich wurde gut aufgenommen, sortierte Rechnungen, stempelte sie, legte sie ab und erstellte neue Ordner. Diese Tätigkeit dauerte 5 Monate.

Ein liebenswerter netter älterer Chef, der kurz vor dem Ruhestand war, hatte die Führung.

Er lud mich sogar zu seinen Abschiedsessen in eine nahegelegene Pizzeria ein. Ich fühlte mich geehrt und anerkannt.

Mein zuständiger interner Chef, war ein Junggeselle mittleren Alters, der leider leicht stotterte und daher mit ihm keine leichte Kommunikation möglich war. Eine nette Südhessin mittleren Alters, die mich immer zum Mittagessen in eine nahe gelegene Kantine mitnahm. Zu diesen Mittagstisch gehörten auch noch zwei Mitarbeiterinnen aus den neuen Bundesländern, die sehr freundlich zu mir waren und mich emotional unterstützen. Ich war allen dreien sehr dankbar.

Bisher war ich noch von der Integration von Menschen aus Osteuropa beruflich verschont geblieben.

Mütterchen Russland saß mir gegenüber, sie hatte mich von Anfang an auf den Kicker, kam aber nicht durch. Die Gestalt war eine Frau mittleren Alters aus Sibirien, die über Maßnahmen hier ein festes Angestelltenverhältnis bekommen hatte. Bei der Arbeit dieser Frau, die sie in der Buchhaltung machte, standen mir die Haare zu Berge, löschen, klicken, verändern alles nach Belieben, kein Fachwissen erkennbar. Sie fand aber Unterstützung von den Vorgesetzten meines älteren Chefs, ich war überrascht.

Das erste Mal spürte ich die Entwicklung in einer großen funktionieren Volkswirtschaft wie Deutschland. Niveau, Anstand und Fachwissen wurden mit Füßen getreten. Und ich muss leider sagen, ich spürte auch den Einfluss von Seilschaften und Netzwerken, der mir noch in mehreren Firmen begegnen sollten.

Ich meldete sie der Zeitarbeit wegen Mobbing, es wurde notiert, ich hörte aber nichts weiter.

Mein älterer netter Chef ging in Rente, ein neuer Chef kam, ich wurde abgemeldet. Somit verließ ich meinen Eisatzort mit Erleichterung.

Ich war wieder auf Arbeitssuche. Eine neue Zeitarbeitsfirma hatte einen Einsatz für mich.

Der größte Abfallentsorger der Stadt Frankfurt suchte für eine Sonderaktion eine Mitarbeiterin.

Ich ging hin. Mir bot sich ein riesiges Industrieareal, mit vielen Containern für die Abfallentsorgung und einer riesigen Entsorgungsanlage, wie ich es bisher noch nicht gesehen hatte. Ich war beeindruckt, es zeigte mir die Macht und Energie der Maschinen. Nachdem ich mich durch viele Gassen und Wege manövriert hatte, war ich bei meinem Team angekommen.

Fünf Personen, Männer und Frauen meines Alters, arbeiteten an einer Sonderaktion. Es wurde PC-Arbeit durchgeführt, Excel-Listen wurden mit anderen Programmen verglichen und ergänzt. Es war ein angenehmes arbeiten.

Innerhalb des Teams, gab es jedoch verschiedene Ansichten, wie mit der Arbeit umzugehen sei. Wir hatten Teammeetings und Infos wurden uns erteilt, aber es war leider nicht zielführend.

Schließlich landete ich in der Poststelle. Dort traf ich auf ganz wunderbare und tolle Menschen.

Eine liebe nette Frau meines Alters kam aus Ulm, hatte in der Gastronomie gelernt, zog dann mit Ihren Mann wegen der Arbeit nach Frankfurt. Sie hatte in den besten Häusern der Cafés und Gastronomie in Frankfurt gearbeitet. Prominente waren Ihre ständigen Gäste. Als das Café schloss, fragte eine bekannte Frankfurter Volksschauspielerin, ein früherer Gast von ihr, wie es ihr jetzt gehe und was sie nun gedenke zu tun. Sie nahm Anteil an dem Schicksal von Menschen. Dies hat mich so beeindruckt, dass ich es hier nicht unerwähnt lassen möchte. Danach machte sie eine kaufmännische Umschulung und landete auf Umwegen im Büro des Abfallentsorgungsunternehmens.

Mein Kollege, ein gütiger, netter Mann aus Südhessen, war gelernter Metzger. Nach der Wende wurde der Schlachthof von Frankfurt nach Leipzig verlegt und somit wurde er arbeitslos. Fand jedoch Arbeit in vielen Tätigkeiten sowie bei der Poststelle bei dem Entsorgungsunternehmen.

Diese beiden prägten sich mir besonders gut ein, sie hatten Herz, Verstand und eine einmalige positive Empathie für ihre Mitmenschen. Meinen Respekt für beide.

Nach 3 Wochen wurde ich abgemeldet. Was ich nicht unerwähnt lassen möchte, ist ein türkisches Geschäft mit leckeren Lebensmitteln, in dem ich einkaufte, dass auf meinen Weg zur Arbeit lag.

Es war das leckerste Angebot, dass mir je begegnet ist.

In der Zwischenzeit machte sich bei mir eine Erkenntnis breit. Die Arbeitswelt hatte sich grundlegend verändert, war kühler, destruktiver und unberechenbarer geworden.

Und ich sah die vielen guten Arbeitsmöglichkeiten waren zum Teil zerstört worden, wurden aber auch durch die IT ersetzt und was mich besonders traurig machte ins Ausland verlagert und dies aus rein ökonomischen Gründen. Auch deshalb sagten tausende von Menschen Deutschland "Good Bye" und flohen somit vor der Arbeitslosigkeit und vor der Angst ein Sozialfall zu werden ins Ausland.

Andererseits erlebte ich wie man in Bildungseinrichtungen, den Fachkräftemangel in Deutschland hochhielt und Menschen mit ausländischen Wurzeln ausbildete und schulte. Dieses führte aber sehr oft zu keinem Abschluss und damit landeten diese in der Schleife von Sozialleistungen und prekären Arbeitsverhältnissen. Trotzdem wurden diese vom Arbeitsmarkt mehr bevorzugt als berufliche Wiedereinsteiger/innen, die in diesem Land eine Ausbildung gemacht hatten und Berufspraxis vorweisen konnten.

Dieses Land meiner Kindheit wurde mir zunehmend fremder.

Ich trennte mich vom Gott meiner Kindheit, der mich bisher geleitet hatte. Aber ich fand Gott, in der Bibel und Psalmen wieder. Ich richtete mich neu aus und mein Glauben verließ mich nicht. Ich glaubte an das Gute und Ehrliche auf diesen Planeten.

So geleitet mache ich mich wieder auf Stellensuche.

Ich hatte einen 1-Jahres-Arbeitsvertrag bei dem Backoffice eines Telekommunikationsanbieters über die Zeitarbeit erhalten.

Ein anderes Arbeitskonzept empfing mich: Schichtarbeit.

Im Wechsel von 6:00 Uhr bis 14:00 und 14:00 Uhr bis 22:00 Uhr sowie jede ersten Samstag im Monat von 8:00 Uhr bis 16:00 Uhr mit Frühstück, Backoffice-Arbeit am PC.

Nach einer 2-wöchigen Schulung saß ich am PC und bearbeitete Handy-Verträge mit verschiedenen Inhalten, Adressänderung, Tarifänderung, Umzüge und sonstige allgemeine Änderungen.

Es machte Spaß. Meine Kollegen/innen waren bunt gemischt: Mann, Frau, jung, alt, Angelernte, Menschen mit Ausbildung, viele ausländische Wurzeln, ehemalige Drogenabhängige, Magersüchtige und chronisch Kranke, unglückliche Frauen mit schlechten Männern sowie einem homosexuellen Teamleiter.

Wir waren perfekt. Wir waren ein Team. In dieser Zeit lernte ich etwas kennen, was bisher nicht in meinen beruflichen Leben lag. Teamgeist, Zusammenhalt, Kollegialität und eine ungebrochene Leistungsbereitschaft.

Wir erlebten Weihnachten, Ostern und den Sommer. Wir hatten eine gemeinsame Kaffeeküche, frühstückten, machten unsere stündliche 8-Minuten-Pause, tauschten unsere Erfahrungen und Biografien aus, trösteten einander und bauten uns auf. Und alle zusammen brachten wir eine spitzenmäßige Arbeitsleistung hervor, für die wir vom Chef öffentlich belobigt wurden.

Es war mein schönster Arbeitsplatz, trotz der gesundheitlichen Belastung von Schichtarbeit, trotz der schweren Geräuschkulisse eines Großraumbüros von bis zu 100 Sitzplätzen.

Nach einen Jahr kam der Auftragsrückgang, alle Zeitarbeiter/innen wurden gekündigt. Ich weinte und war traurig. Ein Kapital war abgeschlossen, ich war dankbar es erlebt zu haben.

Ich behielt Freunde, eine neue Erfahrung für mich.

Ich möchte sie hier vorstellen bevor ich meine nächsten Erfahrungen schildere:

Antonia, Mitte Zwanzig, herzkrank, von Sozialisation und Schicksal geschlagen aber voll motiviert, Hut ab

Maria, Südeuropäerin, hatte eine Scheidung hinter sich, arbeitete früher am Flughafen, fleißig und immer online.

Ulla, Fünfzigerin, Südhessin, betrieb eine Gaststätte in Frankfurt, nach Scheidung auf Arbeitssuche. Computer waren neu für sie, aber sie war voll fit.

Hans, ehemaliger Gastwirt, nach Insolvenz auf Arbeitssuche, verwöhnte alle mit Süßigkeiten und brachte eine super Arbeitsleistung.

Harald, Mitte Zwanzig, indonesische Wurzeln, voll motiviert, war noch auf der Suche der richtigen Lebensspur und war bekennender Christ, Hut ab.

Dolores, Anfang Dreißig, aus den neuen Bundesländern, war über mehrere Arbeitsstellen in Nordhessen nach Frankfurt am Main gekegelt worden. Sie achtete immer auf die Sozialisation unter den Mitarbeitern, war nicht einfach für uns, trotzdem nette Kollegin.

Monika, Anfang Dreißig, 2 abgebrochene Ausbildungen, Magersüchtig, nahm eine tägliche 4-stündige Zuganfahrt auf sich, super Arbeitsleistung, aber sie war sehr sehr zerbrechlich, Hut ab.

Ich möchte sie NO-Name nennen, es waren drei Kolleginnen, die einen schlechten Start im Leben hatten, Ehescheidung, Drogen, gewalttätige Partner, Verlust des Sorgerechts von Ihren Kindern, finanzielle Not und keine gesunden Familienbeziehungen. Ihnen gilt mein besonderer Respekt.

Frank, Anfang Vierzig, Frankfurter mit Leib und Seele, verlor nach Umstrukturierungen (Baubranche- Technischer Zeichner) seinen Arbeitsplatz. Davon hatte er sich nie wieder erholt und auch noch keinen anderen Weg gefunden. Er war ein toller Kollege.

Sabine, Christine, Carola, Mario und Ali, sie bildeten ein Segment von jungen Menschen, die keine Ausbildung fanden, sich trotzdem nicht geschlagen gaben und immer mit viel Fleiß und Humor das Leben lebten und genossen. Meinen Respekt für sie.

Ich möchte aber nicht vergessen, meine Teamleiter zu erwähnen.

Gamze, türkische Wurzeln, Mitte Zwanzig, tanzte immer mit Ihrem Team zum Abschluss eines jeden Projekts oder bei Urlaub und zu Feiertagen im Großraumbüro. Ich empfand diesen Einblick in eine andere Kultur als sehr bereichernd. Toll, großen Respekt an die Kultur dieses Landes.

Bernd, niederländische Wurzeln, homosexuell. Sein bester Ausspruch: "Alice, ich liebe keine Frauen". Ich war in der Welt der Gleichstellung der Geschlechter angekommen. Man erfüllte mir sonst arbeitsmäßig jeden Wunsch, ich war erstaunt.

Sandra, eine schlanke junge gutaussehende Frau, die aber wie ein junger Mann aussah und wirkte. Eine tolle Arbeitsleistung. Meinen Respekt vor Ihrem Schicksal.

Christian, Pfarrerssohn aus den neuen Bundesländern, studierter Informatiker . Super guter Chef, fachlich und führungstechnisch erste Klasse.

Mit einer guten Einstellung und viel Traurigkeit meldete ich mich arbeitslos.

Etwas müde geworden machte ich mich wieder auf die Stellensuche.

Frankfurt am Main, diese Stadt stand in Deutschland und Europa für die Finanzwirtschaft und das internationale Börsengeschehen in der gesamten Welt.

In den sechziger und siebziger Jahren war diese Arbeitswelt in dieser Stadt ein Traum jedes Bankangestellten.

Ich machte mich auf die Suche nach der Finanzwelt meiner Berufsausbildung und wurde auch bald fündig.

Eine Versicherung, die sich auf Pensionsfonds spezialisiert hatte war mein erster Arbeitseinsatz.

Ich nahm Anrufe entgegen, vervollständigte Excel-Listen, leitete sie weiter, korrigierte und archivierte sie. Tütete Versicherungspolicen ein und machte sie versandfertig. Suchte für die Sachbearbeiter/innen Versicherungsunterlagen aus dem Archiv. Dies war mein liebster Ort.

Dort traf ich zwei männliche Kollegen, richtige Keller-Asseln. Witzig, lebensfroh, humorvoll, geniale südhessische Mundart und immer voller Herzlichkeit bei dieser doch sehr bedrückenden Arbeit. Ich kann sie mit Worten nicht anders beschreiben. Aber sie gaben mir ein Gefühl der Annahme und Geborgenheit, das mir nie wieder in einer Arbeitsstelle begegnet ist.

Die harte Konkurrenz in der Versicherungsbranche die Zusammenlegung von Unternehmen und Abspaltungen von einigen Versicherungssparten, traten hier negativ zu Tage.

Der Wechsel und Neueinstellungen von Vorgesetzten und Sachbearbeitern, der Abbruch von Arbeitsbereichen und Verantwortlichkeiten waren sehr destruktiv. Hier spürte ich hautnah wie die Politik, auf Kosten der Arbeitnehmer, das Arbeitsrecht verändert hatte. Ich wurde zunehmend unsicherer und ungläubiger.

Nach drei Monaten Hängepartie, wurde eine neue Chefin eingestellt. Nach zwei Wochen wurde mir folgendes gesagt: "Frau Hauk, fahren Sie Ihren PC herunter und übertragen Sie noch Ihre Arbeit an einen Kollegen und um 11:00 Uhr (vormittags) ist ihr

Einsatz beendet". In Eile verrichtete ich meine letzten Arbeitsschritte und verabschiedete mich von einigen liebgewonnen Kollegen und Kolleginnen. Diese Arbeit hatte mir Spaß gemacht. Ich setzte meinen beruflichen Weg fort.

Mein nächster Einsatz war wieder die Versicherungsbranche.

Ein 6-wöchiger Auftrag um eine Datenbank für Schadensermittlungen und Versicherungsnehmer aufzubauen. Alles PC-Arbeit, ich war begeistert. Die Arbeit umfasste eine sichere Dateneingabe in einem schönen Büro mit netten Kollegen, die etwas anderes taten. Ich durfte auch kostenlos jeden Mittag in der Kantine essen. Ich war dankbar.

Ein wunderschönes Gebäude in der Innenstadt von Frankfurt empfing mich. Jeden Morgen begegnete ich den 14 Schutz-Heiligen in Form von wunderschönen Figuren, die einen langen Gang repräsentierten. Ich fühlte mich jeden Morgen, als ob ich in einen Palast empfangen wurde. Und genau dieses Gefühl ließ mich durchhalten. Dieses Gebäude wurde wie in einem Hochsicherheitstrakt bewacht und überwacht. Jeden Morgen musste ich mich legitimieren. Man nahm meine Daten auf, suchte mich im System (sie fanden mich nicht, weil es für Zeitarbeiterinnen kein System gab) telefonierten und ein Kollege holte mich jeden morgen zum Zwecke der Legitimation ab. Es war ein Martyrium auf allen Seiten. Auch Einwände meiner Vorgesetzten und Kollegen halfen nichts, ich wurde jeden Morgen überprüft. Ich verlor Energie und den Glauben an arbeitsmäßige und menschliche Werte.

Ich machte einen guten Job, man verabschiedete mich nach 6 Wochen, mit einen Blumenstrauß. Ich war froh, aber auch gleichzeitig traurig einen tollen Arbeitsplatz (Büro) und kompetente Kollegen verloren zu haben.

Mir wurde deutlich wie Sicherheitssysteme und Überwachung, die Arbeitswelt bestimmten und sie somit Ihren seriösen Charakter eigentlich verloren hatte. Sie wurde gefährlicher und unberechenbarer für beide Seiten und auch für die Gesellschaft.

Aber ich sollte noch einiges erleben, was diese Sicherheitsmaßnahmen noch bei weitem übertrafen.

Ich war wieder zuhause und war wieder auf Stellensuche. Ich freute mich wieder auf meine Hausarbeit und backte Kuchen. Da wurde ich wenigstens nicht überwacht.

Die nächste Tätigkeit kam in der Bankenbranche auf mich zu. Ich freute mich und rief meine Vorstellung von der guten Bankenwelt in Frankfurt in mein Gedächtnis zurück.

Ich wurde gecoacht zusammen mit noch weiteren 6 Männer und Frauen. Ich hatte Unterricht, wir wurden auf Produkte einer Investmentgesellschaft geschult, schrieben Klausuren, inszenierten Rollenspiele, veranstalteten Bewerbungsgespräche, wurden in Telefonie unterwiesen und geprüft. Ich war wieder fit.

Nun begann unsere Einarbeitungszeit. Ich wurde mit den Systemen vertraut, innerhalb von 2 Min. sollten wir den Wunsch der Anrufer/in verstanden haben und gleichzeitig die nötigen Systeme aufgerufen haben und nach Möglichkeit diese schon beantwortet zu haben, noch ehe man sie sehen konnte. Ich verstand die Inhalte gut, war aber mit Hören, Aufrufen der Systeme, Annahme der Anrufe und Beantwortung und gleichzeitiger Dokumentation dieser hoffnungslos überfordert. Nach 2 Wochen erklärte ich dieses und konnte diesen Einsatz beenden.

Dass wirklich Schwere an diesen Einsatz war aber etwas ganz anderes. Jeden Morgen musste ich in ein total überwachtes Bürogebäude mit Videoüberwachung und Security. Es ging durch Sicherheitsschleusen, überwachte Fahrstühle und Erkennungen in das Sicherheitssystem des Großraumbüros. Selbst der Eintritt in die Kantine war schwierig. Sich in bestimmte Bereiche zu begeben, das Kassensystem konnte man nur mit einen festangestellten Kollegen/innen benutzen, um sich sein Mittagessen bezahlten zu können. Es war Stress pur. Sich immer und überall überwacht und somit auch beobachtet zu fühlen.

Die Bankenwelt hatte sich verändert. Diese mir so angenehme Welt gab es nicht mehr. Nach der Finanzkrise 2008/2009 sperrten sich die Banken und somit Ihre Angestellten selbst ein und beschützten sich. Es war ein unheimlicher Ort geworden.

Trotz dem verließ ich die Bankenwelt noch nicht. Der nächste Einsatz setzte dem noch einen drauf.

In dem Industriegebiet Eschborn (S-Bahn von Frankfurt) fand ich meinen nächsten Arbeitseinsatz.

Es war die gleiche Investmentgesellschaft nur im Backoffice-Bereich. Ein Jahr lang wurde dies mein Arbeits-Zuhause.

Der Anfang war schon katastrophal. Er begann damit, dass am Hauptbahnhof die S-Bahn nach Eschborn ausfiel. Das Glück verließ mich nicht. Ich ergatterte mit zwei Damen ein Taxi, die ebenfalls in diesen Komplex arbeiteten, teilte das Fahrgeld, bedankte mich und kam zu meiner Arbeitsstelle.

Die Sicherheitssysteme hatten mich wieder. An der Rezeption wurde ich gefilzt, man fand meinen Einsatz nicht, telefonierte, ich wies mich aus und endlich gelangte ich mit Abholung an meinen zukünftigen Arbeitsplatz. Dieser Zustand dauerte 2 Wochen an. Immer das gleiche, anmelden beim Empfang und ausweisen, da ich noch keine Sicherheitskarte besaß. Danach musste ich durch eine Drehtür und einen bestimmten Aufzug nehmen, der mich auf einen bestimmten Flur brachte, wo ich mit meiner Kennung in mein Büro kam.

Dieses System begleitete mich während meiner gesamten Tätigkeit. Aber auch im Inneren des Büros gab es ein Sicherheitssystem. Man musste die Türen und die Kaffeeküche immer mit der Sicherheitskarte öffnen und schließen. Ich brauchte fast 2 Monate um mich an das System zu gewöhnen. Ich durfte den Kaffeeautomat kostenlos benutzen, das war ein guter Service.

Es war ein Großraumbüro mit fast 80 PC-Plätzen. Dieses Großraumbüro war mit einer Klimaanlage versehen. Diese Anlage wurde von fast allen Mitarbeitern/innen nicht verstanden. Es war Juli bei meinen Arbeitsbeginn und sehr sehr heiß. Man öffnete schon bei Bürobeginn (ca. 8:00 Uhr) alle Fenster, weil man der Meinung war, lüften zu müssen. Daraufhin konnte die Klimaanlage nicht richtig arbeiten. Nach dem man nach viel Streit die Fenster wieder schloss, wurde es in dem Büro heißer als draußen. Ich bekam kaum noch Luft und dachte daran, den Einsatz nach einem Tag zu beenden. Das Wetter hatte Erbarmen mit mir. Es wurde kühler und die Gedanken, den Einsatz zu beenden verflogen. Es ging auf den Spätsommer und Herbst zu und somit konnte man problemlos in dem Großraumbüro Luft zum Atmen bekommen.

Ich erwähne diesen Vorgang besonders, um das Verhalten und die Einstellung dieser bunt zusammengewürfelten Menschen zu verstehen. Es waren die Verhaltensweisen, die sie an den Tag legten, um Vorteile für sich zu bewahren und zu sichern. Sie alle verteidigten vehement Ihren Sitzplatz, hauptsächlich gegenüber Zeitarbeiter/innen, laut Arbeitsregeln gab es jedoch keinen festen Sitzplatz. Diese Regelung wurde ganz offen und vehement abgelehnt. Es folgten Angriffe und lautstarke Zurechtweisungen, dass sie dies nicht wollten. Ich als Zeitarbeiterin und meine Zeitarbeitskolleginnen waren diesen ausgeliefert. Der Teamleiter stand nicht hinter uns. Unsere Arbeitsanweisungen wurden ignoriert. Vielleicht hatte er es auch aufgegeben, ich konnte es nicht ergründen. Er suchte in erster Linie sein Wohlbefinden bei sich selbst. Eine neue Erfahrung der Führung für mich.

Innerhalb der Mitarbeiter war die Mehrheit aus den neuen Bundesländern. Aus dieser Gruppe stammten die Teamleiterin und ihre Stellvertreter. Der Rest war wohl als Geste der Wiedervereinigung eingestellt worden, ich erkannte weder fachliche noch charakterliche Kompetenz. Was ihnen gut gelang, war ein Kollektiv gegen Zeitarbeiterinnen zu bilden. Dann gab es noch vier Damen die ursprünglich bei der Deutschen Bank gearbeitet hatten. Diese hatten sich dem Outsourcing widersetzt und sich mit Betriebsrat und alten Arbeitsverträgen zur Investmentgesellschaft gerettet. Ihre Kompetenz schließt sich aus folgenden Aussagen "Ihr seid gekommen um uns die Arbeit wegzunehmen". Ich fragte mich, wozu man hier Zeitarbeiterinnen bräuchte, wenn sie so kompetent wären. Sie waren alle unfähig sich auf neue Arbeitsweisen und Projekte einzulassen, geschweige, sie zu bearbeiten. Aber sie hatten Rechte aus ihren ehemaligen Arbeitsverhältnissen und waren sehr erfolgreich, andere, auch Angestellte, schlecht aussehen zu lassen. Sie hielten zusammen und verteidigten ihre Rechte gegenüber Zeitarbeiterinnen. Dieses wurde besonders deutlich bei den Zutritt zur Kantine. Zeitarbeiter/innen hatten mit Ihrer Karte keinen Zutritt. Sie waren auf das Wohlwollen der Kolleginnen angewiesen, diese mussten Ihre Karte (zur Legitimation der Kantinenberechtigung) für die Zeitarbeiterin durchziehen. Es gab zwar eine gemeinsame Mittagsrunde aber ich musste mich immer anbiedern, bitten und warten mitgenommen zu werden. Sie hatten das System nicht gemacht, aber es war sehr demütigend für mich. Es gab Tage, da konnte ich mir nichts zum Mittag kaufen, weil die Kolleginnen etwas anderes vorhatten. Es machte Ihnen aber nichts aus.

Es gab für mich aber auch einen Zeitarbeiterkreis. Mit ihnen ging ich immer, falls es passte. Da war Beate, aus den neuen Bundesländern und Silke aus der Nähe von Frankfurt. Mit ihnen verbrachte ich öfters meine Mittagszeit. Gemeinsam benutzten wir auch die S-Bahn für den Nachhauseweg. Sie gaben mir Kraft.

Die Teamleitung versuchte die Verschiedenartigkeit der Mitarbeiter in Einklang zu bringen. Hier zeigte sich Integration pur, Autodidakten wie ein Türke, Frauen mit kleinen Kindern (Mütter) und Behinderte (Zeitarbeit). Es kam bei mir das Gefühl auf, dass vor lauter Integration keine gute Bankarbeit geleistet werden konnte.

Dann wurde outgesourct. Fünf junge gut ausgebildete Inder, betraten die Bildfläche, sie wurden angelernt und ein großer Teil der Arbeit wurde an einen IT-Standort in Indien verlagert.

Ich muss natürlich noch meine Arbeit erwähnen. Im Rahmen eines Frontoffice-Pools bearbeite ich PC-mäßig Riester-Anträge zur Übernahme oder Übergabe an andere Betriebsstätten und löste somit Schreiben aus, die in Postmappen versandt wurden. Diese Arbeit war nicht schwer und machte mir auch Spaß.

Nach einen Jahr wurde das Backoffice, so wie es war outgesourct. Alle Zeitarbeiter/innen wurden abgemeldet. Wir wurden mit Blumen, Gutscheinen und kleinen Bankgeschenken verabschiedet.

Ich war wieder frei. Ich war glücklich und stolz auf mich, diesen Einsatz gut gemeistert zu haben.

Mein Leben ging weiter. Ich wartete auf einen neuen Arbeitseinsatz.

Die Bankenwelt ließ mich noch nicht los. Mein nächster Einsatz war eine Direktbank.

Ein 6-monatiger Einsatz erwartete mich. Ich arbeitete Rückstände von Kontoeröffnungsanträgen auf.

Ein ca. 2 m hohe Stapel mit Kontoeröffnungsantragen erwartete mich. Ich kontrollierte die Daten, glich diese mit den PC-Daten ab, stempelte sie, leitete andere Anträge (Kreditkarte, Sparantrag usw.) weiter, sortierte diese wieder und versah sie mit einen Barcode. Eine gleichmäßige, korrekte und sensible Arbeit. Ich tat sie gern, sie kostete viel Aufmerksamkeit war aber gut und ich musste nicht sehr viel neues Wissen hierzu lernen. Ich war zufrieden.

Der erschwerende Faktor bei dieser Arbeit war eine laute Geräuschkulisse.

Es war ein kleines Großraumbüro mit etwa 30 PC-Arbeitsplätzen. Der Chef, der Teamleiter und alle anderen Angestellten saßen zusammen in diesem großen, offenen Raum. Trennwände gab es nicht. Die Mitarbeiter waren stark durchmischt, alt gediente Bankangestellte, viele junge ausländische Kollegen/innen und Zeitarbeiter/innen wie ich. Meine für mich zuständige Kollegin war Angelika, gleiches Alter, gleiche Nationalität und Kultur. Ich hatte eine Kollegin gefunden, diese begleitete ich zur

Betriebsversammlung, zur 20-jährigen Betriebsfeier (Bestehen der Online-Bank) mit gutem Essen und mehreren Vorträgen sowie einer Mitarbeiter-Verabschiedung. Ich fühlte wieder ein Stück Arbeitsnormalität und Kollegialität.

Zurück zur Beschreibung meiner Arbeitsstelle: Es war ein permanenter Geräuschpegel vorhanden, der ein ungestörtes Arbeiten, geschweige denn Telefonieren, massiv beeinträchtigte. Es half auch nichts es zu sagen oder sich beim Vorgesetzten zu beschweren. Dieses wurde ignoriert. Ich verhielt mich so: ich fokussierte mich voll auf meine Arbeit zeigte dies auch. Ich hatte die stille Hoffnung hier Vorbild zu sein. Es brachte nichts. Ich wurde ignoriert oder falsch angesehen, der genaue Grund hat sich mir nie erschlossen. Und ich erkannte auch mit großen Herzschmerz, wie man meine Kollegin Angelika mobbte und indirekt ausgrenzte, auch von Vorgesetzten. Der Kuchen zu Ihren Geburtstag wurde kaum angerührt. Ich war traurig, dass diese menschlichen Werte nichts mehr galten. Ich sagte ihr das indirekt, aber sie sah für sich keinen anderen Weg, als zu bleiben. Sie sagte "Ich muss Ihnen die Zähne zeigen". Ich hoffe heute noch sehr für sie, dass sie den Weg aus dieser Bank gefunden hat, ohne noch mehr massiv zu leiden.

Nach 6 Monaten endete mein Einsatz. Erst nach anderen Einsätzen erkannte ich das System. Es war organisiertes Mobbing, meistens von destruktiven, unglücklichen und einsamen Menschen. Das Beängstigende dabei war, das es junge Menschen waren und diese wurden oft von Vorgesetzten unterstützt. In mir tat sich ein Loch auf, das keine Erklärung fand. Damit verließ ich endgültig die Bankenwelt.

Etwas ist aber noch wichtig zu erwähnen. Unmittelbar an das Bürogebäude grenzten zwei Fastfood-Restaurants, in diesen nahm ich mein tägliches Mittagessen ein.

Hamburger, Cheeseburger, Pommes frites, Salat, Eis, Kaffee und Chicken-Macnuggets mit Asia-Soße. Es schmeckte mir. 6 Monate war dieses mein Mittagsmahl. Ich hatte etwas zu Essen und dabei wurde mir klar, dass dieses für Millionen Menschen die einzig erschwingliche Nahrung war, besonders in den USA. Dieses machte mich nachdenklich. Ich begegnete in den Fastfood-Restaurants Menschen, in erster Linie mit schwarzer Hautfarbe. Diese Armut und Hoffnungslosigkeit in Ihren Augen zeigten mir eine ganz andere Gesellschaft. Ich betete für sie und rief meinen Gott an, etwas für sie zu tun.

Ich hatte das Gefühl zu fallen. Es ging gar nicht mehr um Arbeit oder Gemeinsamkeit oder Arbeitserfolg und Arbeitszielsetzung. Es ging um Ausgrenzung und Fertigmachen.

Ich dachte ich hätte die Höchststufe erreicht, aber ich sollte noch einiges erleben, was dies noch toppte.

Damit war dieses Kapitel der Zeitarbeit für mich abgeschlossen. Vielleicht waren die Gründe der Konjunkturrückgang und fehlende Nachfrage nach Arbeitsstellen oder Nachfrage nach speziellem Fachwissen. Es dauerte fast zwei Jahre, ehe ich wieder einen Einsatz fand.

Es war eines jener Einsätze, die Firmen oder Dienstleister ausschrieben, die praktisch nicht besetzbar und auch nicht bearbeitbar waren.

Der Einsatz führte mich in die Rechnungsstellung einer großen Zeitarbeitsfirma. Meine Aufgabe war es

Rechnungen auszudrucken, zu versenden, sie telefonisch zu avisieren und in korrigierter Form zu bearbeiten. Eine Abteilung mit individueller Rechnungsstellung in Berlin wurde aufgelöst, diese beinhaltet 6 Angestellte, diese Arbeitsleistung sollte ich alleine übernehmen. Was sollte ich davon halten?

Diese Arbeit erforderte sehr viel Wissen, exakte Excel-Kenntnisse und lohnsteuerliche und personalinterne Kenntnisse der jeweiligen Kunden in Ihren Lohnabrechnungen. Diese Qualifikation war nicht so einfach zu erlernen. "Sie brauchen mindestens 3 Monate mit 4-Augen-Prinzip und Begleitung, sonst kann man dies nicht lernen". Dies sagte mir die Leiterin dieser Abteilung. "Es ist nicht gut was man hier mit Ihnen macht", sagte sie. Ich war erleichtert und verstanden worden. Es änderte aber nichts an der Tatsache, dass ich damit allein blieb. Ich tat was ich konnte und war mit meiner Arbeitsleistung zufrieden.

Ich arbeitete in einem 6-köpfigen Team, 2 Frauen und 4 Männer mittleren Alters. Diese seit 20 Jahren bestehende Gemeinschaft war kein Arbeitsteam mehr sondern eine Familie. Ich fühlte mich von ihnen sehr isoliert. Gemeinsames Mittagessen oder

Kaffeepause war nicht möglich, sie stimmten sich untereinander ab, was zum Beispiel die Arbeitszeiten und Arbeitsabläufe betraf. Der Teamleiter, ein charismatischer Mann, Typ 70-er Jahre, hatte so individuelle Arbeitszeiten, dass ein Austausch sehr schwer bis gar nicht möglich war. Ich musste immer auf dem Sprung sein um ihn zu erreichen, ob physisch oder telefonisch. Bei dieser Arbeitsmethode ging mir bald die Luft aus. Ich mochte nicht mehr.

Nach vier Monaten war mein Einsatz beendet. Ich bekam wieder Luft. Was sich hier sehr deutlich spiegelte, war die Individualität von Arbeitszeit, Arbeitsroutine, Anwesenheit und Ausnahmeregelungen. Jeder war ein kleiner Selbständiger, der in erster Linie seine privaten Bedürfnisse in den Vordergrund stellte. Seine Arbeitsleistung und die Anpassung an die veränderten beruflichen Anforderungen wurden daher nur als zweitrangig empfunden. Dafür forderte man Zeitarbeiter/innen an. So wie mich. Viele Arbeiten verschwanden somit in Schattenbereichen, wurden versteckt oder einfach ignoriert. Zeitarbeiter/innen sind ja für so etwas gut.

Wenn eine große Masse von Menschen ein Konzept trägt und davon auch noch Vorteile hat, ist jegliche Ehrlichkeit und Korrektheit sowie Anpassungsfähigkeit an die wirkliche Arbeit unmöglich. Die Politik und somit angepasstes Arbeitsrecht legitimierten dieses. Ich hatte etwas gelernt.

Was Politik und Arbeitsrecht wirklich bewirken können, zeigte mir mein nächster Einsatz.

Mit der S-Bahn (Fahrtzeit 45 Minuten) erreichte ich in einem nahe gelegenen kleinen Industriegebiet im Einzugsgebiet von Frankfurt am Main meinen nächsten Arbeitseinsatz. Das Arbeitsgebiet hieß Dokumentenmanagement.

Die Einsatzorder war ganz einfach. Eingabe von Daten in ein vorgefertigtes PC-Programm. Wir wurden geschult und eingewiesen. Das Auswahlkriterium war "Schnelligkeit". Das ein Mensch, egal welchen Alters erst sehen, hören, erfassen und dann handeln kann, ignorierte man hier ganz gezielt.

Da mir diese Branche besonders fremd war. Sah ich sie mir genauer an. An der Wand des Unternehmens hing ein Stammbaum aus der Kaiserzeit mit vielen Reliquien von hoher Gesellschaft. Die Chefin, eine gepflegte ältere Dame, von hohem gesellschaftlichem Rang, regierte hier. Ich war unheimlich erstaunt, wie sie die Fäden in der Hand hielt.

Es arbeiteten Gruppen von Vietnamesen, Russen und anderen Ausländern sowie Zeitarbeitern in verschiedenen Teams zusammen. Scann-Gruppen, Versandgruppen, und PC-Eingabe-Gruppen. Sie alle wurden kontrolliert und regiert. Der Firmenspruch lautete: "Wir sind nur so gut, wie die Leistung unserer Mitarbeiter/innen".

Es war moderne Sklaverei. Und die Gesellschaft lässt dieses zu. Ich weigere mich noch heute das zu glauben, denn ich war in einer anderen Wertegesellschaft aufgewachsen, musste dieses aber akzeptieren. Denn ich spürte es am eigenen Leib.

Nach sieben Tagen Arbeit rief mich ein junger Informatiker zu sich. Er sagte: "Sie sind zu langsam, wir können Sie nicht gebrauchen, melden Sie sich im Sekretariat, dort genehmigt man Ihnen Ihre gearbeiteten Stunden." Ich war enttäuscht. Durch das Schutzschild meines christlichen Glaubens entging ich jedoch einer massiven Verletzung meiner Seele.

Bedrückt verließ ich diesen Einsatz. Besonders an dieser Arbeitsstelle erkannte ich, dass Deutschland eines der größten Billig-Lohn-Länder der Erde war. Warum wusste das niemand?

Mit diesen destruktiven Gefühlen endete mein Zeitarbeiterinnenleben in Frankfurt am Main.

Mein Sohn nahm sich eine eigene Wohnung. Mein Ehemann wollte Frankfurt verlassen. Und somit machten wir uns auf die Reise nach Ost-Deutschland.

Wir stammen beide aus Nordhessen und somit wählten wir wieder einen Wohnsitz in einer Mittelgebirgslandschaft.

LETZTE EINSATZORTE IN THÜRINGEN

Die Stadt heißt Eisenach. Hier ließen wir uns nieder. Und meine Arbeitswelt begann nun in den neuen Bundesländern.

Die Wohnung war eingeräumt. Ich wusste wo man einkauft und wo die Innenstadt war und vor allen Dingen meldete ich mich wieder bei der Agentur für Arbeit. Der Arbeitsmarkt in den neuen Bundesländern wartete auf mich.

Ein Ausspruch festigte sich besonders in meinen Ohren: "Wir im Osten, bei uns im Osten, mit uns im Osten kann man es machen, bei uns im Osten wird nicht so viel gezahlt".

Diese Aussprüche wirkten auf mich sehr befremdlich, aber ich sollte mich daran gewöhnen.

Also bewarb ich mich bei der Zeitarbeit. Und ich spürte, was man mit dem Osten meinte.

Mein Alter wurde angesprochen, man hielt mich aufgrund dessen schon für senil und war erstaunt, dass ich mich überhaupt noch für eine Arbeitsstelle bewarb. Ich machte die Erfahrung, dass im Osten angenommen wird, das man ab einem bestimmten Alter nicht mehr fit genug für die Arbeitswelt ist. Hier merkte ich zum ersten Mal den Unterschied zum Westen. Das ältere Menschen bis zu einem Renteneintritt mit 65 oder 67 Jahren arbeiten um überhaupt Rente zu erhalten oder noch hinzuverdienen müssen, weil die Rente nicht reicht, das schien hier nicht im Bewusstsein der Menschen angekommen zu sein. Hier traten die alten Denkmuster wieder hervor. Der Staat wird es schon richten. Eine Gesellschaft die veraltet war und mit Werten, die mich an meine Kindheit in den 60er Jahren erinnerte.

Aber zurück zu meiner Arbeitssuche. Ich bewarb mich bei Zeitarbeitsfirmen. Ich bewarb mich nicht nur, sondern ging auch direkt hin, stellte mich vor, füllte Bewerbungsbogen aus, führte Einstellungsgespräche. Ich war entmutigt, man suchte im Industriebereich, Helfertätigkeiten, alles Dinge die ich nicht konnte, aber ich blieb am Ball. Unterdrückte meine Niedergeschlagenheit, überwand Ablehnungen und persönliche Angriffe und bewarb mich weiter.

Ich wurde belohnt. Ich fand wieder Arbeit in der Zeitarbeit.

Mein erster Arbeitseinsatz führte mich in die Nähe von Erfurt.

Die Anfahrt war für mich ein Abenteuer, der mir noch unbekannte Bahnhof Eisenach, die fremde Stadt Erfurt mit Anschluss ins Umfeld, meine Endstation. Ich war angespannt aber auch gleichzeitig auf Abenteuertour.

Die Arbeitswelt im Osten Deutschlands erwartete mich. Über die Zeitarbeit wurde mir eine Backoffice-Tätigkeit in einen der größten Versanddienstleister der Welt angeboten.

Zunächst hatte ich mit 12 anderen Männern und Frauen eine 14-tätige Schulung. Danach war ich erschöpft. Die Struktur des Unternehmens, die Unternehmenskultur, die Produktschulung und das Auffinden der einzelnen Daten im Rechner zum Beispiel über Buchhaltungsvorgänge, Versand, Lieferung, Rücksendungen, Zahlungen, Mahnungen und Details des Verkäuferkontos. Ich war überfrachtet mit neuem Wissen, Verarbeitung des Gelernten und dem Umgang mit meinen neuen

Kollegen/innen. Sie waren alle sehr motiviert, aber am Ende blieben nur vier von zwölf bei der Arbeit übrig.

Unsere Coaches waren ein junger Mann und eine junge Frau aus Bratislava in der Slowakei. Beeindruckend mit einer fremden Sprache Schulung zu halten und ihr umfassendes Wissen gut zu erklären und weiterzugeben. Meinen Respekt für beide.

"Wir haben die Fenster mit Folie verklebt, die Eingangstüren mit Codes versehen, und Anwesenheitslisten ausgelegt", so beschrieb mein zukünftiger Teamleiter seine Vorsichtsmaßnahmen.

Sie dekorierten die Wände je nach Ereignissen, wie Weihnachten oder Fasching, Geburtstage mit selbstgemalten Papierseiten oder gedruckten Fotos. Dies war der ganze Schmuck. Ich gewöhnte mich nie daran.

Somit startete unsere Arbeit im Backoffice-Bereich. Ich hatte Helfer/innen. Gut ausgebildete Mitarbeiter aus dem Westen Deutschlands standen mir bei, um meine Arbeit besser verstehen und bewältigen zu können. Sie waren alle sehr nett. Viele von Ihnen waren beeindruckende Persönlichkeiten und Individuen. Ich kam durch. Nach 3 Monaten hatten wir den erhöhten Auftragseingang des Weihnachtsgeschäftes abgearbeitet.

Danach wurden die Bearbeitungen schwieriger. Man sollte die Inhalte des Verkäuferkontos verstehen und bearbeiten. Worauf wir allerdings nie geschult worden waren. Sehr spezielle Anforderungen wurden gefordert, auf die wir nicht geschult waren. Ich fiel aus den Rahmen. Meine Arbeitsleistung war Ihnen zu gering. Das System überprüfte mich. Ich wurde zusehends demotivierter. Unsere Helfer verließen uns. Wir waren auf uns allein gestellt. Und laufend kamen neue Mitarbeiter/innen aus anderen Schulungen hinzu, die auch untereinander eingearbeitet wurden. Und vor allen Dingen wurde von der Teamleitung öfters angeordnet, die Plätze zu wechseln und Räume zu tauschen.

Ich geriet unter Beschuss. Laufend wurde ich kontrolliert, meine Leistung in Frage gestellt, destabilisiert oder bei Fragen auch ignoriert. Es war der Beginn von Mobbing. Die übliche Auslese nach Leistung die vom System vorgegeben wurde. Ich traf eine Entscheidung. Nach meinen Urlaub schickte ich die Schlüssel und meinen Ausweis zu Ihnen und ließ mich über die Zeitarbeit abmelden.

Der Einsatz war beendet. Ich musste mich erst wieder langsam an die Freiheit gewöhnen.

Rückblickend ist noch folgendes erwähnenswert: Wir, meine Kollegen/innen und ich, waren einem Teamleiter und seiner Vertreterin ausgeliefert.

Es herrschte ein Klima von Anschreien, Kontrolle der Arbeit und der Frühstückspausen, persönliche Angriffe. Getroffene Absprachen mit den Mitarbeitern wurden nicht eingehalten.

Die Art und Weise dieser Unternehmenskultur war sehr unangenehm für mich.

Dies war der Tatsache geschuldet, dass es immer weniger Arbeitsaufkommen gab. Und diese wenige Arbeit, musste dann noch so schnell wie möglich erledigt werden, damit im Backoffice überhaupt noch Geld verdient werden konnte. Ich war entsetzt.

Das war nicht mehr das Wirtschaftswunderland meiner Kindheit. Arbeitsplatzabbau und immer größerer Druck auf die Arbeitnehmer griffen um sich. Ich konnte mir nicht mehr vorstellen, wie die Zukunft aussehen würde.

Von einigen Menschen, die mir dort begegneten will ich noch berichten.

Wilfried, dessen Konformität mit der ehemaligen DDR besonders hervorstach, hatte sich nach der Wende ständig beruflich weitergebildet. Er hatte einen Abschluss als Industriekaufmann. War ca. 15 Jahre im Backoffice mit verschiedenen Arbeitseinsätzen und Projekten von unterschiedlichen Firmen betraut. War sehr kommunikativ und einfach nett und sympathisch. Für mich ist er das Aushängeschild, des immer emsigen nie aufgebenden ehemaligen DDR-Bürgers. Das schöne bei ihm als Mann, er fand immer die richtigen Worte für jede Frau.

Erika hatte viele Vorteile in der ehemalige DDR- wegen ihrer gesundheitlichen Beeinträchtigungen. Es fiel mir erst sehr spät auf, sie war gehörlos. Sie war in der DDR in einem Internat gewesen und hatte somit die Möglichkeit einer optimalen Förderung für ihr Leben und war diesem System dankbar. Auch diese Dinge gehören erwähnt und gewürdigt. Trotzdem tat sie einen tollen Job, konnte super recherchieren und mit den PC umgehen. Sie half mir sehr bei der Einarbeitung. Ich verabschiedete mich von ihr. Meine Verbeugung für Ihr schweres Leben und wie sie es trug

Sophie, Anfang dreißig. Ein Wendekind. Wir trafen uns immer auf dem Bahnhof oder an einer anderen Bahnhofhaltestelle im Industriegebiet. Sie hatte mehrere Ausbildungen, und Fortbildungen in verschiedenen, nicht zusammen passenden Branchen abgebrochen und absolviert.

Sie schien ihren eigenen Lebensweg noch nicht gefunden zu haben. Erlebte immer wieder Enttäuschungen von Eltern und Freunden. Sie hing zu sehr in alten überlebten DDR-Mustern fest, das war, glaube ich, ihr Problem. Sie wurde kurzerhand abgemeldet. Pass auf Dich auf finde Dich selbst, das wünsche ich ihr noch heute. Sie fehlte mir.

Alle anderen Kollegen/innen passten in einen Rahmen. Sie waren oberflächlich nett, mäßig hilfsbereit, unstet, nicht sehr bindungsfähig und kaum kreativ. Das DDR-System fehlte ihnen allen.

Mein Wunsch an sie alle. "Glaubt an Euch, lasst eurer Seele freien Lauf und seid einfach glücklich.

Die Zeitarbeit vermittelte mir eine neue Tätigkeit:

Eine Callcenter- und Backoffice-Tätigkeit, bei einem nichtdeutschen Dienstleister, der sich auf Telefonie und spezielle Sonderaufträge für Firmen spezialisiert hatte.

Als erstes arbeitete ich eine Backoffice-Tätigkeit zu Fahrgastrechten ab. Es war nicht schwer, man musste nur schnell sein. Es lag mir. Leider war das Projekt nach 4 Wochen beendet.

Dort traf ich einen netten jungen Kollegen, er begleitete mich, wir fuhren gemeinsam mit der Bahn, ich hatte einen Freund gefunden. Leider wurde er vor mir abgemeldet. Ich war traurig. Aber ich sollte ihn noch zweimal wiedertreffen. Er tat mir gut, er war in den Zeitarbeit so verloren und hin und hergeschoben wie ich.

Danach erfolgte bei den gleichen Dienstleister, die Telefonie.

Wir wurden geschult, zuerst für eine Krankenkasse und dann für einen Betriebsrententräger.

Ich war erschöpft.

Ich musste innerhalb kürzester Zeit speziell berufsbezogenes Wissen erlernen und dies fachmännisch in Telefongesprächen wiedergeben. Es gelang mir gut. Ich half Menschen in ihren Anliegen und meine Seele war glücklich. Neunzig Prozent der Anrufe waren positiv. Dies ließ mich meine Arbeit motiviert und positiv ausführen.

Diese Tätigkeiten umfassten einen Zeitraum von elf Monaten. Ich motivierte mich immer wieder selbst, hielt die ganze Zeit durch und war stolz auf mich.

Meine Kollegen/innen waren bunt zusammengewürfelt. Junge Frauen, Mütter, Suchende die nach der Ausbildung arbeitslos geworden waren. Ältere Frauen wie ich, die ihrer eigenen Biografie nachtrauerten, aber sozial und materiell gut lebten. Außenseiter, angehauchte Junkies, chronisch Kranke. Sie verstanden es aber auch untereinander zu selektieren und vermeintliche Schwächen anderer Kollegen/innen an die Vorgesetzten zu melden. Ich war erstaunt.

Wir waren ein dreckiges Dutzend und ich gehörte zu ihnen. Und gerade sie verabschiedeten mich in die

Rente ganz großartig mit einen wunderschönen Gedicht, Blumen und sehr viel Herzblut. Ich war dankbar. Dies führte mir aber auch vor Augen, wie sehr ich schon den normalen und kollegialen Umgang mit Kollegen/innen in der Arbeitswelt verloren hatte. Die Ablehnung und das Ausgrenzen von Zeitarbeiter/innen hatten meine Seele schon sehr verletzt, da die Arbeitsnormalität schon lange zerstört worden war. Ich war zutiefst berührt über diesen netten Arbeitsabschied, ich war dankbar.

Ich möchte sie noch vorstellen, unser dreckiges Dutzend:

Kerstin, DDR-Biografie, verlor durch die Wende ihre medizinische Tätigkeit. Machte eine Büroausbildung, hatte 2 erwachsene Kinder, wohnte zeitweise im Westen, kam zurück und kämpfte sich wie ich auch durch die Zeitarbeit. Rückblickend hatte sie immer Schwierigkeiten mit dem ehemaligen DDR-Regime, wie sie mir erzählte.

Tanja, groß, stark, kommunikativ, eine Führungspersönlichkeit, immer gut drauf feierte gern, genoss nach der Wende einen materiellen Wohlstand, hatte ein Motorboot an einen großen See, kam zufällig zur Zeitarbeit, war immer lustig und sang gerne deutsche Volkslieder.

Viktoria, hatte eine Ausbildung zur Industriekauffrau abgeschlossen und war danach arbeitslos. Kam zur Zeitarbeit, war nett und motiviert. Ihre Gesundheit machte ihr Probleme, sie hielt durch und war trotzdem gut drauf. Respekt.

Roswitha, Mutter von drei erwachsenen Kindern und Oma von 5 Enkeln und einer Ur-Enkelin. Sie erinnerte mich an eine Fernfahrer-Braut, war lustig, motiviert und optimistisch. Quälte sich durch die Zeitarbeit mit immer während anderen Einsätzen. Sie gab nach 4 Wochen auf. Sie blieb der Zeitarbeit treu. Alles Gute für Dich.

Tim, Mitt-Dreißiger, von Beruf Sohn, zog nach den Tod der Mutter wieder zurück in das Elternhaus und war somit bei der Zeitarbeit gelandet. Er hatte einen Pilotenschein, durfte aber aus Gesundheitsgründen nicht fliegen. War nett, kommunikativ und agil. Er fand eine neue Stelle. War auf einmal weg und hat sich nicht verabschiedet. Mein Wunsch an ihn, hoffentlich ist er der Zeitarbeit entronnen.

Charlotte, Dreißigerin, bekennende Lesbe mit Drogenerfahrung. Hatte eine 10-jährige Tochter, die sie sehr liebte. War stimmgewaltig, sprach sehr gut Englisch, fand aber persönlich nicht immer den richtigen Ton. Sie wurde abgemeldet. Mädchen, du hättest etwas besseres aus dir machen können. Schade für Dich.

Linda, verheiratet, einen 8 Monate alten Sohn, gelernte Zahnarzthelferin. Durch schwierige Arbeitszeiten fand sie zur Zeitarbeit. Hatte Abitur und wollte vor der Heirat Zahnmedizin studieren. Zeitarbeit war eigentlich der falsche Weg für sie. Sie hätte etwas besseres aus sich machen können. Schade.

Sandra, Anfang Vierzig, ausgebildete Physiotherapeutin. Verlor wegen Krankheit Ihre Arbeitsstelle. Arbeitete im Pflegeheim und kam nach Arbeitslosigkeit zur Zeitarbeit. War sehr kommunikativ und gutaussehend. Mach noch etwas Gutes aus Dir.

Junge Frauen, junge Männer, die für mich nicht sichtbar waren. Sie versuchten sich in der Telefonie, wurden geschult, arbeiteten, gaben sehr schnell wieder auf. Andere wurden wieder geschult und kamen nicht wieder. Sie waren für mich unsichtbar.

Unsere Schulungen und Seminare, waren oberflächlich und schnelllebig. Ich kämpfte mich erschöpft hindurch. Hoffentlich haben diese Unsichtbaren etwas davon mitgenommen. Ich hoffe nicht dass sie Lebenszeit verloren haben. Alles Gute für sie.

ERFAHRUNGEN

Ich bin Menschen begegnet, denen ich sonst nie in meinen Leben begegnet wäre. Ich habe Branchen, Büros und verschiedene Städte kennengelernt. Eine große Suche und örtliche Orientierungslosigkeit hat mich dabei immer begleitet. Unsicherheit und Angst vor den Anforderungen und Aufgabenstellungen waren dabei immer mein Begleiter. Die beste Konstellation war immer, wenn ich nur mit Zeitarbeiter/innen zusammen arbeitete. Mit fest angestellten Kollegen/innen war Ablehnung und Ausgrenzung von Zeitarbeiter/innen immer vorprogrammiert. Dies bestätigten mir auch anderen Zeitarbeiter/innen. Das ließ mich immer wieder durchhalten.

Die Unternehmenskultur die in den Banken, Versicherungen, Firmen, Backoffices und Callcentern herrschte war entscheidend im Umgang mit Zeitarbeitern. Mögen die Anforderungen auch noch so hoch und leistungsorientiert und individuell gewesen sein, so hat sich doch ein roter Faden herauskristallisiert. Zeitarbeiter/Innen wurden nur als Mittel zum Zweck angesehen und so behandelt. Man wollte sie gar nicht in interne Arbeitsabläufe einbinden. (Ich hatte noch nie eine Berechtigung zum Zugang von Kopierer oder Fax, geschweige denn die Möglichkeit eigene Emails zu versenden. Die Berechtigungen waren so beschnitten, das normale Kommunikationsmittel nicht benutzt werden konnten. Somit schaltete man von vornherein die wirkliche Qualifikation von Zeitarbeiter/innen aus). Es gab immer eine Front von allen Mitarbeitern/innen zu allen Zeitarbeiter/innen. Systematisches Mobbing gegen Zeitarbeiter/innen. Hierzu einige Aussagen die ich öfters zu hören bekam: "Ihr seid gekommen um uns, die Arbeit wegzunehmen". „Wir sollen gegen Euch ausgewechselt werden". „Ihr macht unsere Arbeit, aber ihr dürft uns nicht zu nahe kommen". Dieser Einstellung und Ablehnung, fielen viele Zeitarbeiter/innen durch schnelle Abmeldung zum Opfer. Besonders gilt hier zu erwähnen, dass junge Menschen, die gerade von der Ausbildung kamen oder über das Arbeitsamt Fortbildungen absolviert hatten, hier besonders gedemütigt wurden. Sie besaßen ja kaum praktische Arbeitserfahrung und wurden durch dieses System heruntergezogen und frustriert. Ich habe mir meinen Teil gedacht. Was für eine gespaltene Gesellschaft.

Große Banken und namhafte Unternehmen konnten diese Regeln besonders gut gegenüber Zeitarbeiter/innen durchsetzen. Kleinere Unternehmen bedankten sich noch bei Zeitarbeiter/innen für die geleistete Arbeit und waren auch wirklich dankbar dafür.

Ich decke damit einen Zeitrahmen von 20 Jahren ab. Ab dem Jahre 2010 wurden Einsätze über Zeitarbeit immer weniger und ausbeuterischer. Man suchte Menschen mit Qualifikationen und Leistungsbereitschaft, die es gar nicht gab und es so auch nicht geben wird. Die Zeitarbeitsfirmen dealten mit Auftraggebern, schickten Stellungssuchende zu Arbeitgebern, die überhaupt keine Zeitarbeiter wollten. Die Vorstellungsgespräche wurden schon so geführt, dass man von vorn herein ausgeschlossen wurde. Die Zeitarbeitsfirmen kämpften ja auch um ihr Überleben.

Ab dem Jahre 2017 erwartete man sogar, das ein Mensch die gleiche Schnelligkeit wie der PC hatte.

Der Mensch sollte schon von vorn herein wissen, wann ein Fehler entsteht, der durch das System aber erst nach einer Woche aufschlug. Viele fest Angestellte arbeiteten sich an immer weniger Arbeit ab. Teilweise wurden Arbeiten doppelt gemacht, um Auslastung vorzutäuschen Dadurch kam es immer wieder zu Fehlern und Unstimmigkeiten. Dieses diente nicht der Verbesserung des Arbeitsklimas.

Der wirkliche Grund lag aber darin, dass immer mehr Arbeitsplätze verloren gingen, hauptsächlich durch die Verlagerung ins Ausland, oder weil die IT zunehmend Prozesse vereinfachte und automatisierte.

Man verstand es fast überall, Zeitarbeiter/innen gezielt zu entsolidarisieren. Der Kapitalismus setzte sich immer mehr durch.

Im Gegensatz zu den negativen Aussagen der Agentur für Arbeit, mancher Zeitarbeitsfirmen und vieler Pessimisten in meiner Umgebung, erreichte ich in Zeitarbeit meine Altersrente.

Ich war stolz auf mich. Das System hatte mich nicht zerstört.

SCHLUSSFOLGERUNG

Ich habe mir einen geistigen Raum in meiner Fantasie geschaffen. Diesen Raum habe ich gefüllt. Es ist ein schöner Raum mit hellen Wänden einen flauschigen Fußboden, bunten Gardinen und kleinen Fenstern.

Ich habe diesen Raum gefüllt mit meinen Erlebnissen und dort bleiben sie ein Leben lang und keiner kann sie wegnehmen oder zerstören.

Besonders sind es folgende:

Meine Abschlussfahrt nach meiner 2-jährigen Berufsfachschule nach West-Berlin. Damals war die Stadt noch einen Insel in dem getrennten Deutschland. Wir verbrachten eine Woche dort. Im Jugendgästehaus in der Kluckstraße mitten in Berlin fanden wir Unterkunft. Dort gab sich die Jugend der Welt ihr Stelldichein. Wir besuchten den Reichstag, hatten eine Führung in der Schultheiss-Brauerei, besuchten Ost-Berlin über die Friedrichstraße und flanierten auf den Kurfürstendamm. In den 70er war diese Stadt ein buntes Gemisch von allen Gruppen der Gesellschaft. Ich fuhr mit meinen

Klassenkameradinnen zum ersten Mal S-Bahn. Ich war begeistert. Und abends erkundeten wir die Disco-Szene. Big Eden und Big Apple eine der größten und angesagtesten Discos dieser Zeit. Ich war begeistert. Die Berliner Luft und das einzigartige Berliner Flair stärkten und faszinierten mich. Damit endete meine Schulzeit. Ich sah in eine rosige Zukunft.

Meine Schulfreundin, Eva-Maria, mit ihr ging ich regelmäßig in die italienische Eisdiele und den damals neu eröffneten Senne-Grill (in der nordhessischen Kleinstadt 70er-Jahre). Es war das erste "Schnellrestaurant" mit Pommes, Currywurst und der angesagten Disco-Musik. Es war der Beginn der Teenager-Zeit, das Kennenlernen und Flirten mit Jungs begann. Wir hatten Spaß, Lust und unheimlich Freude am Leben.

Mit dem Ende der Schulzeit begann das junge Erwachsenenleben. Ab dem Beginn meiner Berufsausbildung bei einer Genossenschaftsbank verlor ist sie aus den Augen. Hoffentlich geht es dir heute noch gut.

Mit einen lila Minirock, einer gesmokten bunten Bluse, einer roten Perlenkette und weißen hohen

Sandalen, so stand ich hinter dem Banktresen meiner Ausbildungs-Bank. Mein schönstes Erlebnis mit einen Bankkunden war unmittelbar am Anfang meiner Ausbildung. "Ich schenke Ihnen 1 D-Mark, Sie haben mir meinen Kontoauszug erklärt", das sagte mir ein Bankkunde. Ein einfacher Maurer, etwas behäbig aber ungemein nett. Ich hatte ihm den Unterschied zwischen Soll und Haben erklärt und er hatte es verstanden. Ich war in diesen Moment ungemein stolz auf mich. Dieses Erlebnis begleitete mich während meines gesamten Bank-Berufslebens und gab mir immer wieder Kraft weiterzugehen bei allen Problemen und Schwierigkeiten, die dieser Beruf mit sich brachte.

Die Abschlussfeier als "Bankkauffrau" führte mich mit Lehrer und Klassenkameraden/innen nach Frankfurt am Main. Wir besuchten die Commerzbank, wurden dort zum Essen eingeladen, machten einen Stadtbummel und feierten in Frankfurt-Sachsenhausen unsere Abschlußprüfung bei Äppelwoi und Bretze.

Ich war glücklich.

Meine berufliche Tätigkeit führt mich nach meiner Eheschließung nach München. Mein neuer Arbeitsplatz war die Stadtsparkasse München. Dort traf ich auf eine einzigartige Mischung von Menschen, die hochtrabende Münchner Schickeria, Originale der Münchner und Münchnerinnen, ihr unverkennbarer, liebenswerter Dialekt und ihr Herzblut und die einfachen Ausländer, die sehr hart und viel in dieser Gesellschaft arbeiteten. Das erste Mal in meinen Arbeitsleben, konnte ich sagen, dass ich Menschen liebte. Alle Mitarbeiter/innen wurden von der Sparkasse zum Oktoberfest-Besuch eingeladen. Es war mein erstes Oktoberfest, wir hatten Spaß und Freude. Diese tolle Wiesenstimmung ist mir heute noch sehr präsent. Mit der Geburt meiner Tochter, endete mein Arbeitsverhältnis. Ich vermisse meine Kollegen/innen noch heute noch.

Weitere wichtige mir besonders immer im Gedächtnis bleibende Erlebnisse waren:

"Wir sind ein Team", das sagten ich und meine Kollegen/innen im Backoffice der Telekommunikation in Frankfurt am Main. Wir arbeiteten, wir lachten, wir halfen uns gegenseitig und trösteten uns bei Verletzungen und wir waren multikulturell. Wir achteten jede menschliche Besonderheit und Individualität und es machte mich stark. Nach einen Jahr war der Einsatz vorbei. Ich verließ den Arbeitsplatz mit Tränen. Ich vermisse Euch.

Sie sagten mir ein Gedicht über mich auf und sangen mir ein Lied. Ich weinte nur noch und war glücklich. Sie schenkten mir einen Blumenstrauß und eine Abschiedskarte. Ich hatte es nicht von Ihnen erwartet. Der Abschied zu meinen Renteneintritt. Meine Callcenter-Tätigkeit war zu Ende. Aber dieser schöne Abschied, ich ehre ihn in meinen Gedanken. Danke und nochmals danke, lieb von Euch.

Meine persönlichen Glücksmomente bleiben mein Geheimnis. Denn sie wären eine neue Geschichte.

Da ist noch ein Raum, der in meiner Phantasie besteht, er ist dunkel, kalt, stickig und verschlossen.

Dort habe ich folgende Gedanken hinein getan. Meine Hetze, meine Frustration, die erlebte Ablehnung, die Diskreditierung von meinen Fähigkeiten und Können. Hauptsächlich bei Zeitarbeitsfirmen, bei denen ich mich beworben hatte, bei Vorstellungsgesprächen, die von Anfang an negativ aufgebaut waren. Und noch ein Thema, das mir etwas schwer über die Lippen kommt. Sexuelle Annäherung, die auf Ausbeutung und Druck aufgebaut war, um einen prekären Job zu bekommen.

Ich habe über diesen dunklen Raum mit meinen Gott gesprochen. Er wird handeln.

Ich bitte um Beachtung:

Es sind die Unsichtbaren, ihr trefft sie an Bushaltestellen, an U- und S-Bahnen, an Bahnhöfen, in Industriegebieten, in großen Bürogebäuden oder an Imbissständen an denen sie zwischendurch essen.

Es sind Männer, Frauen, sie sind jung oder alt, haben auch ausländisches Aussehen und sie sind immer in Eile. All diese Menschen sind Zeitarbeiter/innen.

Nehmt sie wahr in dieser Gesellschaft, sagt Ihnen ein Hallo, sagt ihnen Danke, beachtet sie und gebt ihnen einen Applaus, ohne sie würde es dieses Land, so wie es ist, nicht geben.

Ich danke Euch.   Das wars.

Zeitfracht Medien GmbH
Ferdinand-Jühlke-Straße 7
99095 Erfurt, Deutschland
produktsicherheit@kolibri360.de